DAS SCHOTTISCHE HOCHLAND

von Elisabeth Fraser

My heart's in the Highlands, my heart is not here;
My heart's in the Highlands, a-chasing the deer;
A-chasing the wild deer, and following the roe –
My heart's in the Highlands wherever I go.

Robert Burns

Inhalt

Einführung	*Seite* 2
Die Grampian und Cairngorm Berge	12
Loch Lomond und die Trossachs	20
Argyll und die Inseln	26
Glen Coe und Fort William	32
Glen Shiel und die "Straße zu den Inseln"	38
Das südwestliche Hochland	44
Skye und die westlichen Inseln	48
Das westliche Hochland	54
Inverness und die Gegend um die A9	58
Weitere Information	64
Nützliche Telefonnummern	*Rückumschlag*

Einführung

Das schottische Hochland besitzt eine der schönsten Landschaften Europas und doch ist dieses große Gebiet, das fast Zweifünftel Schottlands ausmacht, zum größten Teil dünn besiedelt. Geographisch hat die Hochlandgrenzverwerfungslinie, die vor 400 Millionen Jahren durch das Spalten und Falten der Erdkruste gebildet wurde, eine klare Trennung zwischen dem Hoch- und Tiefland Schottlands hinterlassen. Im Hochland verursachten Flüsse und Gletscher die Erosion der alten Felsengebirge und schufen auf diese Weise den wilden Charakter dieser Landschaft. Die durch die Geländeart bedingte Trennung führte schließlich zu einer völlig verschiedenen Lebensweise der Hoch- und Tiefländer. Die Hochlandgrenzverwerfungslinie verläuft diagonal durch Schottland. Sie beginnt nördlich der Insel Arran, überquert die See bei Helensburgh und verläuft weiter durch Aberfoyle nach Comrie, Blairgowrie und Edzell und endet in Stonehaven. Alles, was nördlich der Verwerfungslinie liegt, wird allgemein zum schottischen Hochland mit einbezogen, obwohl Teile des östlichen Hochlandes ziemlich flach sind.

Einige der größten Gebirgsformationen Großbritanniens befinden sich im schottischen Hochland. Ben Nevis in der Lochaber Gegend ist der höchste Gipfel mit 1344m. Im Winter sind viele der höheren Berge schneebedeckt und im Frühjahr stürzen Bäche geschmolzenen Schnees durch Wasserfälle, über Felsspalten und Schluchten in Flüsse und Seen. Diese Mischung aus Bergen und Seen, die dem schottischen Hochland seinen grandiosen Charakter verleiht, ist auch zugleich Hintergrund der vielen herrlichen Sonnenuntergänge von orange bis zu tiefen Rottönen, die sich auf den schneebedeckten Bergkuppen in den schönsten Rosaschattierungen wiederspiegeln.

Das Hochland ist berühmt für seine Seen, "loch" genannt, von denen sich viele der größeren umfahren lassen. So kann man z. B. eine 123km lange Fahrt um Loch Awe machen. Man fährt von Taynuilt nahe Oban ab und kommt dort auch wieder an. Die Route geht über weniger bekannte Straßen und führt durch Argylls herrliche Landschaft. Loch Lomond ist der größte der schottischen Seen, 37km lang und 8km breit. Er hat weite, bewaldete Ufer und 33 kleine Inseln. Berge erheben sich zu beiden Seiten. Manchmal ist die Spiegelung der Berge in dem stillen Wasser des Sees so scharf und klar, daß man kaum Wahrheit von Trug unterscheiden kann! Der tiefste See ist Loch Morar (305m tief). Seine berühmten, weißen Sandstrände kann man auf dem Weg nach Mallaig sehen. Loch Ness hat eine verzeichnete Tiefe von 210 Metern, doch wird angenommen, daß er viel tiefer ist. Er ist 38km lang, die Durchschnittsbreite ist 1,6km und der Rauminhalt 7504 Millionen Kubikmeter. Loch Ness ist wirklich gewaltig. In seinen dunklen Tiefen soll sich das Loch Ness Ungeheuer verbergen. Neben den Inlandseen gibt es noch viele Meeresseen. Loch Linnhe auf der Great Glen Verwerfungslinie (zur gleichen Zeit wie die Highlands Boundary Verwerfungslinie gebildet) ragt mehr als andere Meeresseen ins Land hinein.

Die Herrlichkeit der Hochlandszenerie wird durch die Tierwelt ergänzt. Rotwild, wilde Ziegen. Wildkatzen, Otter, Dachse, Baummarder, Delphine und Seehunde sind zu sehen. In den unzugänglicheren Gebirgsgegenden leben Steinadler, Bussarde und Flußadler. Seit jüngster Zeit beginnt auch der

Fischadler hier wieder zu nisten. Tausende von Jahren nach der Eiszeit waren große Teile des Hochlandes mit Laub- und Nadelforsten bewaldet und Luchse, Wildschweine, Elche, Rentiere, Bären und Wölfe waren hier heimisch. Mit der Urbarmachung der Wälder über die Jahrhunderte durch die Schaffung von Weideland und Feuergebrauch verschwand diese Tierwelt. 1919 wurde die Forstkommission eingerichtet, um diesen Prozess umzukehren und große Teile des Hochlandes für künftige Generationen aufzuforsten. In jüngster Zeit hat man Rentiere in den Cairngormbergen mit großem Erfolg wieder eingeführt. Einige sind ganz weiß. Organisierte Touren mit Führer stehen zur Verfügung.

Die Küste des schottischen Hochlandes ist sehr unterschiedlich. In den Westlichen Inseln gibt es die reinsten goldenen Sandstrände, die man sich denken kann. Interessante Spaziergänge an entfernten Ufern bieten sich an, wo Seehunde sich in den tiefen Wassern tummeln, die Köpfe aus dem Wasser stecken, sich anbellen und auf den ins Meer ragenden Felsen ein Sonnenbad nehmen. Auf dem Festland ist die westliche Küste durch viele Seen unterbrochen, zuweilen mit schroff abfallenden Felswänden. Manchmal kann die Straße hoch über den Klippen liegen, dann wieder bis zum Meeresspiegel herunterführen oder mehrere Meilen ins Inland verlaufen, um sich dann plötzlich wieder zum Meer zu wenden und dabei eine herrliche Sandbucht unter einem felsigen Grat zu offenbaren. Gewaltige Felsküstenstreifen gibt es auch bei Duncansby Head nahe John O'Groats in Caithness im äußersten Nordosten des Hochlandes. Hier kann man nahe den Klippen gehen und die zerklüfteten Seiten der tiefen Schluchten mit ihren versteckten Höhlen sehen, sowie die riesig vorstehenden Gipfel, die sog. Stacks, die steil aus dem Meer ragen.

Fort William und Ben Nevis von Loch Linnhe gesehen

Die Hochländer, deren Muttersprache gälisch ist, lebten einst unter einer Stammesherrschaft. Jeder Stamm (Clan) hatte seinen eigenen Führer und sein eigenes Gebiet. Über die Jahre hat sich natürlich viel geändert, nicht aber der Stolz, einem Stamm anzugehören und seinen Namen zu tragen. Schottische Nachkommen aus der ganzen Welt forschen nach ihren Vorfahren, besuchen ihr Stammesgebiet und entdecken ihr "Heimatland", wie sie es noch immer nennen, obwohl es Generationen her ist, daß die Vorfahren ausgewandert sind. Eines der großen Ereignisse für Hochländer ist das gälische Festival, Mod genannt, das jedes Jahr an einem anderen Ort Schottlands stattfindet. Viele der alten Lieder sind sehr reizvoll, besonders wenn von gälischen Sängern gesungen, weil ihre Stimmen eine Tiefe und Klarheit von einzigartigem Wohlklang haben.

Vor dem Jakobiteraufstand im Jahre 1745 war der Lebensstil der Hochländer anders. Die Bevölkerungszahl war viel höher und der größte Teil von ihnen lebte in sich selbst tragenden Kleinpächtergemeinschaften (crofting). Diese Kleinbauern (crofter) waren Pächter der Stammesführer, denen das Land gehörte. Sie lebten in kleinen Häusern, die als schwarze Häuser bekannt sind wegen des Torfherdes im Innern, der alles schwärzte. Diese "Cottages" waren einstöckige, strohgedeckte Häuschen aus Stein, in denen auch Tiere untergebracht wurden. Die Bauern hielten sich in den Bergen und auf dem Heideland Kühe und Schafe. Auf dem niedriger gelegenen Land bauten sie Hafer und andere Erträge in Form von sog. "lazy beds" an, eine Art Terrassenanbau. Noch heute lassen sich von diesen vergangenen Tagen im Hochland Spuren finden.

Über die Jahre vollzogen sich Änderungen, was den Landbesitz und seine Leitung anging. Anfang des 19. Jh. kam aus England eine größere Nachfrage für Wolle. Die Stammesführer, die sich dieses lohnende Geschäft nicht entgehen lassen wollten, vergrößerten die Schafzucht. Leider waren große Teile ihres Landes unter Kleinpächtergemeinschaften aufgeteilt. Doch mißachteten die skrupellosen Grundbesitzer, getrieben von Geldgier, die Pachtrechte der Bauern, vertrieben sie vom Land und zwangen sie so zur Auswanderung. Diese grausame Zeit ist in

Sonnenuntergang über Iona

der Geschichte des Hochlandes als Zwangsräumung oder "Clearances" bekannt.

Die Errichtung mehrerer großer Brücken (Forth, Tay und Friarton Brücken) in den 60er Jahren hat die Einreise vom Osten her enorm erleichtert. Die Ballachulish, Kessock, Kylesku und Dornoch Brücken mit zahlreichen Dämmen hat das Reisen in alle Teile des Hochlandes weiterhin verbessert. Trotzdem ist noch eine Brücke über den See Loch Alsh geplant, die die Insel Skye mit dem Festland verbinden wird.

Das alles steht in starkem Gegensatz zu der Zeit im Jahre 1724, als General Wade von London in das Hochland geschickt wurde, um bessere Verkehrswege zu schaffen und weitere Aufstände gegen die Monarchie aus Hannover zu verhindern. Zu dieser Zeit gab es im Hochland nur Pfade und Treibwege, um Rinder und Schafe zum Markt zu treiben. General Wade hatte eine große Aufgabe vor sich. 1724 baute er Fort William wieder auf, danach baute er Fort Augustus und Fort George. Letzteres ist das einzige, das noch steht und es ist ein prächtiger Bau. Verbindungsstraßen wurden erbaut und weitere Straßen und Brücken. Nach General Wade baute Thomas Telford im 19. Jh. noch mehr Straßen. Sein Meisterstück ist zweifellos der Kaledonische Kanal, der der Great Glen Verwerfungslinie folgt und sich von Inverness im Nordosten bis Loch Eil bei Fort William im Südwesten erstreckt. Die Länge des Kanals ist über 96km. Loch Lochy, Loch Oich und Loch Ness sind durch 33km lange, künstliche Wasserstraßen mit 29 Schleusen verbunden. Eine Gruppe von acht Schleusen zwischen Corpach und Banavie wird Neptuns-Treppe genannt. Gleich zu Beginn des Kanalbaus wurde Vorsorge für die Durchfahrt von Schiffen vom Atlantik bis zur Nordsee getroffen. Fischereiflotten nutzen diese Abkürzung bis zum heutigen Tag. Für Segler ist der Kanal ein guter Test.

Bei der bloßen Erwähnung des schottischen Hochlandes mögen sich beim Leser romantische Vorstellungen schneebedeckter Berge, Gutsbesitzer im Schottenrock, prächtiger Burgen, struppiger Hochlandrinder und wilder mit Heidekraut bedeckter Moore einstellen. Leider lassen sich nicht alle der vielen Attribute in einer Gegend finden. Dieses Büchlein soll dem Leser einen Vorgeschmack der Dinge, die es hier zu entdecken gibt, vermitteln.

Spiegelung in Loch Lomond

Loch Lomond bei Balmaha

Morgenstimmung in der Urquhart-Bucht, Loch Ness

Ein Bussard auf einem Hochlandgipfel sitzend

"Weiße" Rentiere in den Cairngormbergen

Ein entlegener Sandstrand auf South Harris

Die dramatische Hochlandküste bei Duncansby Head, nahe John O'Groats

Das "schwarze Haus" in Arnol, Lewis
Bauern bei der Schafkennzeichnung auf South Uist

Ältestes Bauernhäuschen auf South Uist mit Lochboisdale im Hintergrund

Die Forth Rail Brücke machte das Hochland im 19. Jh. mehr zugänglich
Die Kessockbrücke verbindet Inverness mit der Schwarzen Insel

Der schlichte Entwurf der Kylesky Brücke bei Kylestrome harmoniert mit der unverdorbenen Landschaft ringsum

Die Tay Brücke bei Dundee, das Tor zum Hochland

Luftaufnahme von Fort George bei Nairn

Bläser auf Blair Castle, Blair Atholl

Die Grampian und Cairngorm Berge

Die Grampiangebirgskette trifft bei Aviemore auf die Cairngormberge, eine gewaltige, oft wild und verlassen aussehende Gebirgslandschaft, die aber voller Leben ist. Es ist eine der wenigen unverdorbenen Teile Schottlands, wo noch die majestätischen kaledonischen Tannenwälder stehen. 1954 gingen fast 250km² der oberen Cairngorms vom Rothiemurchus Besitz der Grant Familie in die Obhut des nationalen Naturreservats über.

In der Gegend gibt es mehrere Skiabfahrten, die bei gutem Wetter viele Skiläufer anlocken. Das größte Skigebiet liegt bei Aviemore am Rande der nördlichen Cairngormberge. Die Skisaison geht von Dezember bis Mai, doch ist der 1100m über dem Meeresspiegel liegende Cairngorm Sessellift das ganze Jahr über offen. Das Lecht Skizentrum liegt an der Straße von Tomintoul nach Braemar und das Glenshee Skizentrum am Cairnwelljoch in den Grampianbergen. Früher war die Route von Blairgowrie durch die Grampianberge hindurch sehr gefährlich, besonders am Teufelsellbogen (Devil's Elbow), so genannt, weil eine Kurve haarsträubend steil und irreführend war. Nun hat man den "Ellbogen" abgeschnitten, um eine sichere Fahrt zum Cairngipfel zu schaffen. Von hier führt die Straße weiter nach Braemar, das für die jährlichen, königlichen Hochlandspiele berühmt ist, bei denen die königliche Familie zugegen ist.

Balmoral Castle in Crathie im Hochland gehört der englischen Königsfamilie. Königin Viktorias Prinzgemahl kaufte es für sie im Jahre 1852, weil sie sich auf einem Besuch nach Schottland in die Schönheit und Großartigkeit der Landschaft verliebt hatte. Der Weg von Braemar nach Aberdeen wird seitdem "Royal Deeside" genannt. Balmoral Castle kann zu bestimmten Zeiten des Jahres, wenn die Königsfamilie nicht dort ist, besichtigt werden.

Es gibt noch mehr interessante Schlösser in der Gegend, die man besichtigen kann. Der nationale Trust für Schottland hat viele in seine Pflege genommen, wie Burg Craigievar, 41km westlich von Aberdeen, Burg Crathes und Brug Drum bei Banchory. Burg Braemar gehörte einst dem Grafen von Mar. Später wurde sie Regierungsgebäude. Heute gehörte sie der Familie Farquharson von Invercauld. Es lohnt sich, sie zu besichtigen. Die malerische Pfarrkirche in Crathie, wo die Königsfamilie zum Gottesdienst geht, wenn sie in Balmoral residiert, ist ebenfalls zu besichtigen.

Die Straße nach Tomintoul, dem hochgelegensten Dorf der Gegend, ist eine der wildesten und gebirgisten im schottischen Hochland. Im Winter ist sie häufig wegen schwerer Schneefälle geschlossen, doch bald wieder für die Skigruppen, die zum Lechtzentrum kommen, geöffnet. Der Anblick der blühenden Heide im August ist herzergreifend, wenn kilometerweise Lilatöne sich über die Berge erstrecken. Die satten Farbschattierungen beherrschen die Landschaft und harmonieren vollkommen mit dem Grau der Felsen.

Tomintoul gehört zur Whiskyfährte, eine der größten Touristenattraktionen der letzten Jahre. Die Fährte umfaßt ein weites Gebiet um Speyside. Viele Brennereien kann man besichtigen und fast alle bieten dem Besucher einen Schluck Whisky (ein "wee dram") an. Grantown-on-Sprey in der Nähe von Tomintoul ist für passionierte Angler und Bergsteiger ein idealer Ort zum Verweilen.

Östlich der Grampianberge liegt Aberdeen, die "Granitstadt" des Nordens. Sie verfügt über die interessanteste Architektur des Hochlandes und hat viele alte Gebäude. Seit der Ölkonjunktur hat sie sich enorm entwickelt, doch war die Fischerei immer ihre Hauptindustrie. Der Fremdenverkehr ist ebenfalls über die Jahre gestiegen. Von Aberdeen geht die Schiffahrtslinie P&O direkt nach den Shetland Inseln und der Fairinsel. Aberdeen liegt auch sehr zentral für Royal Deeside, die Whisky- und die Burgenfährten. (Um die Gegend von Aberdeen gibt es mehr Burgen als sonstwo im Hochland und viele sind für Besucher geöffnet.)

Südwestlich von Aberdeen geht die B974 von Banchory über Berge und Moore, die Ende August von Heidekraut purpurfarben leuchten. Die Straße führt an Fettercairn vorbei nach Edzell, von wo eine Landstraße nach Kirriemuir geht, dem Geburtsort von James Barrie, (dem Verfasser des "Peter Pan"). Nur wenige Kilometer südlich liegt Burg Glamis (für Besucher geöffnet), wo die Königin Mutter ihre Kindheit verbrachte.

"Des Teufels Ellbogen" auf der Straße durch Glen Shee nach Braemar, ehe die Kurve begradigt wurde

Skiläufer in den Cairngormbergen
Der lachsreiche Fluß Dee nahe Balmoral Castle

Burg Craigievar bei Alford ist mit märchenhaften Türmen gekrönt

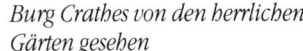

Herbstansicht von Balmoral Castle, der Hochlandburg der königlichen Familie

Burg Crathes von den herrlichen Gärten gesehen

Die Pfarrkirche von Crathie, deren Gottesdienste die königliche Familie besucht, wenn sie auf Burg Balmoral weilt

Die würdevolle Fassade von Braemar Castle

Typischer Anblick der Cairngormberge im August – meilenweit erstreckt sich das lila Heidekraut, dahinter türmen sich dunstige Berge

Die Dallas Dhu Brennerei bei Forres zeigt die alte Kunst der schottischen Whiskybrennerei vollkommen. Sie ist für die Öffentlichkeit geöffnet

In der Unionstraße in Aberdeen ist viel von dem alten Stadtcharakter bewahrt

Die Ruinen von Burg Edzell stehen unter Denkmalschutz

Die Königin Mutter verbrachte einen großen Teil ihrer Kindheit auf Burg Glamis, auf diesem Bild zu sehen

Loch Lomond und die Trossachs

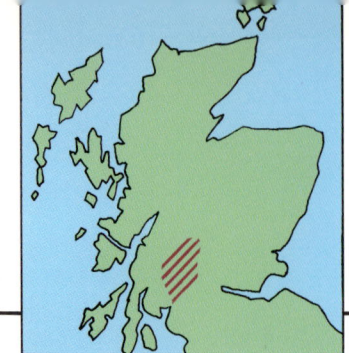

Ohne Zweifel haben Sir Walter Scotts Romane "Lady of the Lake" (1810 veröffentlicht) und "Rob Roy" (1818) die Trossachs populär gemacht, und das ist bis heute so geblieben. Seit der Zeit dieser berühmten Romane hat sich der Landbesitz sehr geändert. Heute verfügt die Forstkommission über den größten Grundbesitz in den Trossachs. Das ganze Gebiet steht unter dem Schutz des Königin Elizabeth Forstparks, der sich bis nach Rowardennan an der Ostseite Loch Lomonds erstreckt und das Gebiet von Loch Ard, Loch Achray und Strathyre westlich von Loch Lubnaig einschließt. Vor kurzem hat die Kommission dem Park noch mehr Land angegliedert.

Über die Jahre hat die Forstkommission zwei große Pläne entwickelt: einen Plan zum Schutz, Überwachung und Bestandsaufnahme des gesamten Tierlebens in der Region, mit dem Ziel, der Fauna einen stabilen und sicheren Lebensraum zu bieten und einen Erholungsplan, um die markierten Spazierwege, Zelt- und Picknickplätze der Kommission auszubauen und zu fördern. Feuergefahr und Abtragung der markierten Wege machen der Kommission am meisten zu schaffen. Die Pläne werden laufend auf den neuesten Stand gebracht, um mit noch besserer Pflege die wachsende Besucherzahl Ruhe und Frieden dieser herrlichen Berge und Wälder genießen zu lassen. Für aktivere Wanderer gibt es vier markierte Berge zu entdecken. Ben Venue, Ben Ledi, Ben An und Ben Lomond. Jede Ersteigung macht großen Spaß und wird vom Gipfel mit herrlichen Ausblicken belohnt. Ein früher Aufbruch empfiehlt sich für solch eine Bergbesteigung, besonders für den steilen Ben Lomond. Denjenigen, die leichtere Wanderungen vorziehen, bieten die Wälder die reinste Freude mit wilden Blumen und vielen Vogelarten.

Das Königin-Elizabeth-Forstparkzentrum ist bei Aberfoyle. Man gelangt auf einer kurvigen Straße von Callander über den Duke Pass dorthin. Die Carnegiestiftung spendete der Forstkommission 1960 das zweckgebaute Besucherzentrum zum Wohle der Öffentlichkeit. Zu dieser Zeit nannte sich die Stiftung noch David Marshall Lodge nach ihrem Präsidenten, Andrew Carnegie, der in Dunfermline zur Welt kam und nach Amerika auswanderte. Hier machte er als Stahlmagnat sein Vermögen. Doch vergaß er seine Heimat nie und stiftete den Carnegie Trust für wohltätige Zwecke.

Die Wasserabteilung des Strathclyde Gemeinderates besitzt 10930ha Land in den Trossachs, Loch Arklet mit einbegriffen, bei Stronachlachar und Loch Katrine. Hier, gibt es ein Besucherzentrum und eine Teestube. Von hier fährt der von der Wassergesellschaft operierte "Schraubendampfer" Sir Walter Scott bis Stronachlachar. Der Sir Walter Scott Dampfer ist modernst ausgestattet. Angetrieben mit rauchfreiem Brennstoff richtet er keine Verschmutzung und Umweltschäden auf Loch Katrine an. 1855 wurde Loch Katrine auf Parlamentsbeschluß für die Glasgower Trinkwasserversorgung bestimmt.

In den 40er Jahren kaufte die Stadt Glasgow vom Grafen von Ancaster Ländereien um Loch Katrine. Dieser schöne Besitz wird von der Wasserabteilung des Strathclyder Gemeinderats in Stand gehalten und die Behörde ist jetzt der größte Schafzüchter Schottlands. Hier gibt es keine Autos, keine Vergnügungsboote, keine Wälder in der Gegend (außer vereinzelter Bäume), denn sie würden Wasser abziehen. Geangelt wird nur wenig und wenn, dann nur mit Angelschein. Wanderer können jedoch die überwältigende

Loch Ard mit dem schneebedeckten Ben Lomond im Hintergrund

Schönheit dieses Besitzes und des unvergleichlichen Loch Katrines voll genießen.

Loch Lomonds Hauptstraße, die A82, läuft von Glasgow die ganze Westseite des Sees hoch bis nach Ardlui und weiter nach Crianlarich und Tyndrum. Es gibt aber eine weniger befahrene Straße an der Ostseite von Drymen nach Rowardennan. An dieser Stelle führt der Westhochlandwanderweg bis zum Ende des Sees weiter, wo die Fallochfälle sind und weiter nach Crianlarich, Tyndrym und Fort William, wo er endet.

Eine weitere, landschaftlich reizvolle Seitenstraße führt von Aberfoyle nach Stronachlachar, von dort weiter durch einen unmarkierten, bewaldeten Hohlweg zum Inversnaid Hotel an Loch Lomond gelegen. Die Aussicht hier ist überwältigend. Der mächtige Ben Lomond türmt sich zwischen Inversnaid und Rowardennan auf und beherrscht den Umkreis. Von Balloch gibt es Bootsfahrten, die herrliche Ausblicke über Loch Lomond erlauben.

Callander, eine historische, blühende Stadt, liegt in der Nähe der Trossachsgegend und dem Lenyfall. Ein hier eröffnetes Rob Roy und Trossachsbesucherzentrum wird vom Loch Lomond, Stirling und Trossachs Fremdenverkehrsamt geleitet. Hier kann sich der Besucher über Rob Roy MacGregor informieren, dessen Geburtsort in Glengyle an der Spitze von Loch Katrine liegt und darüber urteilen, ob dieser große, schottische Charakter Schurke oder Held war. Von Callander führt die A84 nach Lochhearnhead, einem beliebten Wassersportzentrum. Hier trifft die A84 auf die von Crieff kommende A85, einem entzückenden Landstädtchen, in dem es viel zu sehen gibt, u.a. eine Glasfabrik und die originale Portobello Steingutmanufaktur. Lohnend ist auch ein Besuch einer guten Whiskybrennerei in der Nähe.

Die A85 führt weiter durch Glen Ogle nach Killin, an den berühmten Dochartfällen vorbei. Nach starken Regenfällen ist es ein unvergeßlicher Anblick. Die schneebedeckten Kuppen von Ben Lawers als Kulisse lassen die Landschaft verzaubert erscheinen. Man verliert jedes Gefühl für Zeit, wenn man auf der uralten Brücke steht, die die Fälle überspannt und dem andauernden Getöse des Wassers lauscht.

Hinter Killin zweigen zwei szenische Nebenstraßen ab. Die eine führt nach Glen Lochay und die andere über die Berge nach Glen Lyon, wo sich Schottlands Ben Lawers Zentrum des National Trust ganz in der Nähe befindet. Glen Lyon ist ein wunderschönes, unverdorbenes Tal, wo man viele Rehe sehen kann. Die Straße östlich von Bridge of Balgie führt zur interessanten, alten Stadt Aberfeldy und über eine von General Wade im Jahre 1733 erbaute, fünfbogige Brücke. Ganz nahe bei liegt die Birks of Aberfeldy Naturfährte, die durch die wilde Klamm der Monessfälle führt.

Wanderer genießen die Landschaft um Loch Katrine und Ben Venue

Blick auf Tyndrum und die Berge im Umkreis

Loch Lomond von Inversnaid gesehen, am nordöstlichen Ufer

Crieff, eines der Tore zum Hochland, im herbstlichen Schmuck

Die herrlichen Dochartfälle bei Killin

Callander mit dem Teithfluß im Vordergrund und Ben Ledi dahinter

Die General Wade Brücke über den Tayfluß in Aberfeldy

Argyll und die Inseln

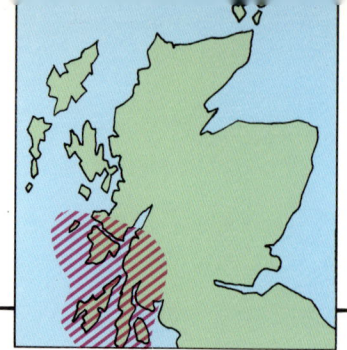

Argyll in Strathcylde gehört zum südlichsten Teil des Hochlandes mit der wohl schönsten Landschaft Schottlands. Beides, die Inseln und die herrliche, unverfälschte Natur machen den Besuch hier zu einem aufregenden Erlebnis.

Die von Glasgow kommende A82 geht von Crianlarich an der belebten Tyndrumkreuzung nach links, wo sie auf die A85 nach Oban trifft. Die A82 geht weiter durch Glencoe nach Fort William. Die A85 führt auf dem Wege zu dem Dorf Dalmally durch Glen Lochy. In der Nähe des Dorfes liegt Burg Kilchurn, die Festung der Campbells. (Übrigens folgt die Westhochlandeisenbahnlinie auch der szenischen Route nach Oban). Burg Kilchurn nimmt eine beherrschende Position auf einer kleinen Halbinsel an der Spitze von Loch Awe ein. Von Sir Colin Campbell von Glen Orchy im 15. Jh. gebaut bestand die Burg anfangs nur aus Turm und Bergfried. 1693 vergrößerte der erste Graf von Breadalbane, dessen Frau eine Campbell war, den bestehenden Bau in eine Burg mit Schutzmauer; beider Initialen sind in den Sturz über dem Burgtor eingemeißelt. Während des Jakobiteraufstandes 1745 war die Burg mit hannoveranischen Truppen belegt.

In der Nähe dieser imposanten Burgruine befindet sich das Cruachandamm Besucherzentrum, das hoch interessant ist. Von einer Besuchertribüne im Berginnern kann man in die Halle mit den Turbinen sehen, die Elektrizität von einem 364.5m höher gelegenen Stausee erzeugen. Neben Loch Awe liegt ein reizender Picknickplatz und auf der anderen Seite der Straße sind die schönen Cruachanfälle.

Vom Landesteg im Dorf Lochawe kann man im Sommer auf der "Lady Rowena" Seefahrten um die vielen Inseln im Loch Awe machen. Die Straße führt weiter über den Branderpaß, wo der majestätische Ben Cruachan mit seinem Doppelgipfel in einer Höhe von 1127m die ganze Gegend beherrscht. Jenseits des Passes liegt der abgelegene See Loch Etive. Die Seespitze kann man von hier nur mit dem Dampfer erreichen. Ausflugsdampfer verkehren während der Sommermonate. Einzelheiten sind im Oban Fremdenverkehrsbüro erhältlich. In früheren Zeiten war der Dampfer die einzige Möglichkeit, Kohle und andere Verbrauchsgüter zu den Kleinbauern zu transportieren, die sich hier am Landesteg, von ihren entlegenen Höfen kommend, versammelten.

Am Pier vorbei führt eine kleine, sich windende Straße durch Gebirgsgelände durch Glen Etive, bis sie auf die Hauptstraße trifft, die durch Glen Coe geht. Das entlegene Glen Etive Tal ist Heimat des majestätischen Steinadlers, der eine Flügelweite von 1,9–2,5m hat. Manchmal sieht man ihn hoch über den Bergen schwebend, dann wieder mit unglaublicher Geschwindigkeit nach seiner Beute in die Tiefe schnellend, um dann wieder mühelos aufzusteigen und am

Himmel zu kreisen. Auch Rehe sind in dieser Wildnis zu Hause; ihre Kitze bleiben in den schirmenden Bergen verborgen, bis sie auf keinen Schutz mehr angewiesen sind.

Ehe Sie in die geschäftige Stadt Oban fahren, nehmen Sie die Fort William Straße über die Connel Brücke, wo sich Ihnen ein herrlicher Blick bietet. Etwa 16km weiter, am Ufer des Seelochs Loch Creran, liegt das Sea Life Centre, ideal für einen Besuch mit der Familie.

Oban ist mit seinen Fährverbindungen zu den Inseln eine wichtige Stadt. Mull, die größte Insel, hat eine häufig verkehrende Fähre, besonders in den Sommermonaten. Es gibt eine Direktverbindung nach Iona, dieser schönen und entlegenen Insel, von wo der heilige Columba im 6. Jh. das Christentum verbreitete. In der Nähe von Iona, auf der Insel Staffa, ist die Fingal Höhle, 69m tief und 18m hoch, die Mendelssohn zu seiner Hebridenouvertüre inspirierte. Die ganze Insel ist spektakulär mit ihren aus dem schäumenden Meer ragenden, riesigen Basaltsäulen. Zwei ausgezeichnete Boote verkehren im Sommer zwischen Iona und Staffa und bei schönem Wetter kann man auf der Insel landen.

Ein weiterer Fährdienst fährt von Mull von Fishnish durch den Sound of Mull nach Lochaline hinüber zum südlichen Ende von Morven. Die Straße von hier nach Fort William führt durch eine großartige Landschaft. An der Küstenstraße in Corran besteht eine Fährverbindung über Loch Linnhe nach Onich, wo die A82 in einer Richtung nach Fort William geht, in der anderen über die Ballachulishbrücke nach Glencoe.

Wenn Sie Argyll auf einer anderen Route entdecken wollen, so besteigen Sie die Dampfbootfähre von Gourock, 32km westlich von Glasgow, nach Dunoon oder – was noch besser ist – nehmen Sie die Fähre von Ardrossan in Ayrshire und fahren auf dem Clydefluß bis nach Rothesay auf der Insel Bute. Von der Nordspitze der Insel überkreuzt eine Fähre den Kyles of Bute zum Festland. Die Strecke von hier nach Dunoon ist landschaftlich von unvergleichlicher Schönheit.

In den Sommermonaten besteht von Lochranza, auf der Insel Arran, ein Fährdienst nach Claonaig auf der Kintyrehalbinsel, noch eine weitere Möglichkeit, um nach Argyll zu kommen. Südlich von Claonnaig läuft eine wunderschöne Küstenstraße nach Campbeltown; für Fähren zu den Inseln Islay und Jura muß man allerdings nach West Loch Tarbert oder Tarbert fahren.

Nördlich von Tarbert führt die A83 auf dem Weg nach Inveraray an Lochgilphead vorbei. Hier gibt es neben dem Schloß Inveraray, Sitz des Herzogs von Argyll, viel zu sehen. Interessant ist das Burgverlies mit einer Rekonstruktion vergangener Tage. Der Gerichtssaal ist so wie er früher war und hat lebensgroße Figuren, die das Gesetz repräsentieren. Außerhalb Inverarays führt eine Seitenstraße durch das Höllental (Hell's Glen) nach Lochgoilhead und dem europäischen Schaf- und Wollzentrum. Viele Schafrassen werden hier in einer einmaligen Vorführung gezeigt.

Burg Kilchurn an der Spitze von Loch Awe

Im Innern des Cruachan Kraftwerkes – dem "hohlen Berg"

Der geschäftige Hafen von Oban ist eine bedeutende Fährenendstation

Attraktive, farbig angestrichene Gebäude säumen das Hafenviertel von Tobermory, der "Hauptstadt" von Mull
Die historische Iona Abtei

*Fingals Höhle auf der Insel Staffa, Inspiration
for den Komponisten Mendelssohn*

*Burg Inveraray, eine der größten Attraktionen
im westlichen Schottland*

Eine Fähre fährt in den Rothesayhafen auf der Insel Bute

Landschaft bei Brodick, Arran

Glen Coe und Fort William

Glen Coe in Argyll ist von gewaltigen Gebirgsketten und weiten Strecken rauher Moore umgeben. Der Bauchaille Etive Berg bewacht den Taleingang. Der Name bedeutet "großer Hirte von Etive". Die ausgezeichneten Skipisten an den White Corries, nahe dem King's House Hotel, sind in letzter Zeit erweitert und verbessert worden. Ein größerer Sessellift und andere verbesserte Anlagen bedeuten Winter wie Sommer mehr Spaß.

Die Straßen in dieser herrlichen Gegend sind von imposanten Berggipfeln überschattet. Die "Three Sisters of Glencoe" sind manchmal durch Wolkenschleier verborgen, doch an einem klaren Tag sind sie gut sichtbar, wie auch die Bergkette Aonach Eagach, nicht weit entfernt vom National Trust für Schottlands Zentrum. Der Trust kümmert sich um über 5670ha rund um Glen Coe. Im Zentrum erhält man Auskunft über das Tal und seine Geschichte. Ein Ranger organisiert Wanderungen in die Berge. Sie können allerdings sehr gefährlich sein und sind mit Respekt zu genießen. Das Wetter kann hier so schnell umschlagen, daß man sich leicht verirren kann. Jedes Jahr passieren viele Unfälle.

Glen Coe zieht sich bis Loch Leven hin, das von Bergen umringt ist. Das Dorf Glencoe hat sich über die Jahre kaum verändert, doch ist die Ballachulishbrücke ziemlich neu. Vorher verkehrte eine Fähre über Loch Leven nach Fort William, oder man fuhr über Kinlochleven an der Spitze des Sees, was übrigens ein sehr reizvoller Umweg war.

Die heutige Stadt Fort William entwickelte sich hauptsächlich nach dem Bau der Eisenbahn im 19. Jh. Die ursprüngliche Regierungsfeste von 1655 – von General Wade 1724 wieder erbaut – wurde 1864 abgerissen, um Platz für den Bahnhof zu schaffen.

Auf der malerischen Route der Westhochlandlinie verkehrt eine Sonderdampflokomotive über Fort William bis Mallaig. Von dort gibt es eine Fährverbindung zur Insel Skye. Von Fort William auf dem Weg nach Spean Bridge und Great Glen führt eine enge, sich windende Seitenstraße durch die herrliche Landschaft von Glen Nevis bis zu den Ausläufern von Ben Nevis. Ein Fußweg führt weiter nach Rannoch Moor.

Sechs Kilometer nördlich von Fort William an der Spean Bridge Straße erhebt sich die Nevis Gebirgskette. Auf dem 1221m hohen Aanoch Mor Berg befindet sich das einzige, alpine Gondelsystem Großbritanniens. Es ist das ganze Jahr über geöffnet, verfügt auf dem modernen Skigelände über 7 Lifte und der längsten Abfahrt Schottlands, (über 2km) Weitere Attraktionen in diesem herrlichen Gebiet sind Bergbesteigungen mit Führer. Markierte Wanderwege erlauben Naturliebhabern einen näheren Anblick des Tierlebens, der wilden Blumen, der Täler und Wälder dieser Berge, die die höchsten Großbritanniens sind, "No-go" Gebiete sind deutlich gekennzeichnet, um die Umwelt zu schützen.

An der A830 in Corpach liegt das "Treasures of the Earth Centre", das die schönste Edelstein- und Kristallsammlung Europas beherbergt. Die wertvollen Steine und Kristalle sind auf eindrucksvolle Weise in nachgebildeten Höhlen- und Bergwerksszenen ausgestellt.

Bei Lochy Bridge, außerhalb Fort Williams, liegt die Ben Nevis Whiskybrennerei, wo man im Besucherzentrum die "Sage vom Ben Nevis Tau" hören kann. 1825 eröffnete "Long John" MacDonald die Brennerei im Schatten des Ben Nevis. Das Wasser hier ist so rein, daß seine Qualität unübertreffbar ist. Übrigens bedeutet das gälische Wort für Whisky "Uisge Beatha" Lebenswasser.

Wanderer in der herrlichen Gebirgslandschaft von Glen Coe

Buachaille Etive Mor im entlegenen Glen Etive Tal

Morgendliche Nebelschleier umringen die Drei Schwestern von Glencoe

Loch Leven bei Ballachulish

Eine Dampflokomotive der
Westhochlandlinie beim
Glenfinnan Viadukt

Der Fluß Nevis fließt durch
das wunderschöne Glen
Nevis Tal

Restaurant und oberste Gondelstation, Nevis Range, bei Fort William

Dem "Treasures of the Earth Centre" in Corpach wurde für seine außergewöhnliche Präsentation von Edelsteinen und Kristallen die Auszeichnung "Thistle Award for Tourism" verliehen

Ben Nevis Brennerei, Lochy Bridge

Glen Shiel und die "Straße zu den Inseln"

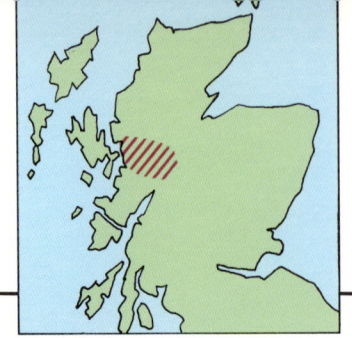

Die A87 ist eine von den zwei "Straßen zu den Inseln", die nach Skye und den westlichen Inseln führen. Die A87 läuft durch Glen Shiel nach Kyle of Lochalsh. (Die andere Straße ist die kurvige A830 von Fort William nach Mallaig). Glen Shiel in Ross-shire ist ein wild malerisches Tal, das von den "Fünf Schwestern" und dem "Sattel" beherrscht wird. Die Schönheit dieses Tales wird noch unterstrichen durch die Seen, in die durch Schluchten und Rinnen das Wasser stürzt. Es hat zwei große Seen, die nahe an der Straße liegen. Loch Cluanie liegt am Talanfang und der Meeressee, Loch Duich am Talende. Sie sind mit den Seen Loch Long und Loch Alsh verbunden.

Loch Cluanie hat auf seinem Damm einen Ausguck. Ganz in der Nähe ist ein gut erhaltenes, altes Gasthaus in günstiger Lage für Reisende und Bergsteiger. Das Gasthaus ist leicht von Inverness, Fort William, Fort Augustus und Drumnadrochit zu erreichen; etwas westlicher liegt Kyle of Lochalsh mit seinen häufigen Fährdiensten zur Insel Skye. Rudel Rotwild äsen in den Hügeln um den Gasthof. Bei Einbruch der Dunkelheit kommen sie ins Tal zum Äsen und um aus den Gebirgsströmen zu trinken. Die Brunstzeit ist im Oktober und die bellenden Rufe der Hirsche beim Kampf um den Vorrang in der Herde durch die Berge hallen zu hören wird einem für immer im Gedächtnis bleiben.

Die Eilean Donan Burg in Dornie muß wohl die am meisten fotografierte Burg in Schottland sein. Einst war sie eine Festung und wurde im 13. Jh. in eine Burg mit Ringmauer umgebaut. Im 14. Jh. fiel sie in die Hände des Grafen von Moray, einem grausamen, herzlosen Gutsbesitzer. Eine grausige "dokumentierte" Begebenheit bescheinigt seine Rohheit. Um den Bewohnern eine Lehre zu erteilen und ihnen zu zeigen, wer hier Herr sei, ließ er 50 von ihnen umbringen und die Köpfe an der Burgmauer aufhängen, wo sie – für alle sichtbar – langsam verwesten. Heute ist die berühmte Burg Sitz des Clan McRae und beherbergt die Clan MacRae Kriegsgedenkstätte.

Die Burg liegt an der Mündung von Loch Duich mit der Kulisse von Beinn O'Chuirn und den fernen Bergen von Glen Shiel im Hintergrund. Man erreicht sie über einen Damm. Über dem Eingang steht in Stein gemeißelt die gälische Inschrift: "Solange ein MacRae hier drinnen weilt, wird es einem Frazer niemals mangeln." 1719 wurde der größte Teil der Burg zerstört; Restaurationsarbeiten begannen 1912 und wurden 1932 beendet. Seit 1990 wird die Burg mit Flutlicht angestrahlt. Ein unvergeßlicher Anblick ist es, wenn sie sich an einem klaren Tag im Wasser von Loch Duich wiederspiegelt und ein weißer Dunst die Berggipfel berührt. Dann sieht sie wie ein Märchenschloß aus.

Plockton ist ein beliebtes Ziel für Segler und steht unter der Obhut des National Trust von Schottland. Es liegt weiter westlich in einer geschützten Bucht am Meeresarm Loch Carron.

Glenelg liegt südwestlich von Kyle von Lochalsh, am Sound of Sleat. Während der Sommerzeit verkehrt eine kleine Fähre von hier zur Insel Skye. Vom Sound of Sleat ragen zwei Meeresarme, Loch Hourn und Loch Nevis in das Festland. Sie sind umgeben von einer schönen, stillen Landschaft, die für Wanderer ideal ist. Die beiden Seen sind für Segler im Sommer eine Herausforderung. An der Spitze von Loch Hourn geht eine Nebenstraße nach Glen Garry und trifft auf die Hauptstraße von Inverness nach Fort William. Loch Nevis, Europas tiefster Meeresarm, liegt abgeschiedener, ist aber durch eine Passagierfähre, die von Glenelg nach Mallaig fährt, erreichbar. Es gibt hierher keine Straßen, nur eine kleine Nebenstraße geht von Glenelg nach Shiel Bridge.

Glen Shiel und der Sattel

Bernera bei Glenelg inmitten einer malerischen Landschaft südwestlich von Kyle of Lochalsh

Die wilde Schönheit von Loch Cluanie

Die uralte Eilean Donan Burg bei Dornie ist mit dem Ufer durch eine Straße verbunden

Loch Duich wird von den herrlichen, schneebedeckten "Fünf Schwestern von Kintail" überschaut

Plocktons geschützter Hafen

Der Meeresarm, Loch Carron, ist von herrlicher Küstenszenerie umgeben

Das ruhige Loch Hourn ist für Segler im Sommer ein Abenteuer

Das südwestliche Hochland

Das südwestliche Hochland liegt ungefähr zwischen Loch Alsh und der Wester Ross Gegend. Es ist eine Landschaft von großer Stille une Einsamkeit, geheimnisvollen Gebirgsketten, weit offenen Tälern und herrlichen Seen. An der Spitze von Loch Long verläuft ein Weg zu dem Glomachfällen. Er ist etwa 11km lang und sehr anstrengend und schwer; man sollte ihn nicht alleine begehen. Für Hin- und Rückweg sollte man wenigstens 8 Stunden rechnen. Die Fälle sind wohl die eindrucksvollsten in Großbritannien. Sie sind nicht die höchsten, haben aber den größten Fall, nämlich 11m. Ein anderer Weg von Dorusduain Parkplatz an der Abenteuerschule des National Trust von Schottland in Morvich ist weniger anstrengend. Er ist 8km lang und man braucht insgesamt 5 Studen dafür.

In Torridon bietet der Trust eine audio-visuelle Ausstellung über das Tierleben und ein Ranger ist anwesend, der Wanderungen mit Führung organisiert. Eine der fantastischsten Wanderungen ist der Torridonweg vom Bahnhof Achnashellach nach Torridon. Er führt an Flüssen und Seen vorbei und läuft zwischen zwei großen Bergen hindurch, dem Beinn Liath Mhor und dem Maol Chean-dearg. Auch die herrlichen Balgyfälle am Ende von Loch Damh, gehören dem Trust. Loch Damh ist ein abgelegener Inlandsee von ziemlicher Länge, der von Ben Shieldaig auf der einen und Beinn Damh auf der anderen Seite überschaut wird.

Der Trust hat ein Vogelschutzbebiet bei Loch Shieldaig und zwei Naturschutzgebiete für Rehe bei Loch Carron und bei Glen Shieldaig in seiner Obhut. Das größte Reservat ist jedoch der nationale Naturschutzpark von Beinn Eighe bei Kinlochewe, wo Rotwild, Steinadler, Marder und Wildkatzen zu sehen sind. Es ist das erste nationale Naturschutzgebiet, das in Großbritannien eingerichtet wurde.

Eine Route in dieser Ecke des südwestlichen Hochlandes wird besonders Abenteuerlustigen gefallen. Sie geht von der A896 in der Nähe von Kishorn ab, läuft über den Rinderpaß (Bealch nam Bo) auf einer engen, gebirgigen Straße mit steilen Haarnadelkurven und jähen Neigungen von 1:4 Gefälle dahin, bis sie von 616 Metern auf die flache Ebene abfällt, wo vor den Augen des erstaunten Wanderers plötzlich Applecross in all seiner Glorie umgeben von sandigen Stränden liegt.

Die enge Küstenstraße nördlich von Applecross schlängelt sich dahin, um dann auf einer unvergeßlichen Route nach Shieldaig unerbittlich anzusteigen. Das Dorf Shieldaig liegt von Gebirgen überragt an den Ufern von Loch Shieldaig.

Die prächtigen Glomachfälle an der Spitze von Loch Long

Das kristallklare, blaue Wasser von Loch Torridon

Loch Shieldaig wird von herrlichem Wald umgeben

Die schneebedeckten Gipfel von Beinn Eighe

Applecross war früher als der unzugänglichste Ort auf dem schottischen Festland bekannt

Skye und die Westlichen Inseln

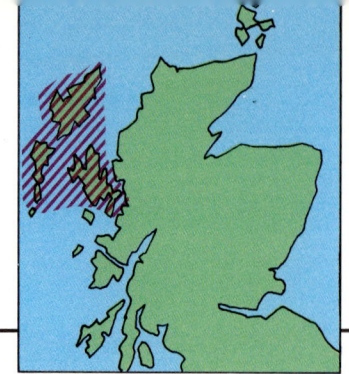

Die Insel Skye auf den Inneren Hebriden ist ihrem Wesen nach sehr Teil des schottischen Hochlandes. Die "dunstige Insel" mit ihren geheimnisvollen Bergen und langgezogenen, fruchtbaren Halbinseln hat eine Lebensart, die Städtern fremd ist. Das Kleinbauerntum, "crofting" genannt, herrscht hier noch vor, doch ist die Fischerei für die Inselbewohner auch wichtig. Viele Inselbewohner leben von der Fremdenindustrie und haben sich gut darauf eingestellt, doch hat die Insel davon keinen Schaden erlitten.

Die Hauptgebirgskette sind die Cuillinberge, auch Black Cuillins genannt. Bergsteiger aus der ganzen Welt kommen hierher, um an diesen gigantischen Gipfeln ihre Kletterkünste zu messen. Herrliche Ausblicke bieten sich von Elgol und Sligachan Bridge. Die nebelverhangenen, rosa granitenen Gipfel der Roten Cuillinberge überschauen von Kyleakin die Straße nach Portree.

Das inmitten von Portree Forest gelegene Skye Heritage Centre zeigt eine eindrucksvolle Ausstellung über Geschichte, Kultur und Landschaft der Insel. Zum Centre gehören ein Restaurant und Laden mit Büchern, Kunsthandwerk und Musik.

Von der A855 Straße von Portree bietet sich ein guter Blick auf die dramatische, 16km lange Gebirgskette der Storr mit ihren ungewöhnlich geformten Felszacken; eine davon heißt der "alte Mann von Storr". Zwei Wasserfälle gibt es: die Lealt Fälle mit Klamm und die Kilt Rock Fälle. Letztere bieten einen fantastischen Anblick. Loch Mealt ist die Quelle eines Flusses, der unter einer Brücke fließend, von einer steilen, gefährlichen Klippe, dem Kiltfels, 51m in die See stürzt.

Nahe Staffin liegt Quiraing im Steinadlergebiet. Die verwitterte, uralte Landschaft zeigt sich in kurios geformten Felszacken, grasbedeckten Flächen und Geröll. Die Straße von Uig nach Staffin ist sehr kurvig mit einer besonders steilen Haarnadelkurve.

Bei Kilmuir steht ein Denkmal zu Ehren Flora MacDonalds, der Jakobiter Heldin, die Bonnie Prinz Charles rettete, indem sie ihn in Frauengewändern verkleidet von den Westlichen Inseln nach Skye brachte. Hier befindet sich auch des Skye Museum über das Inselleben.

Will man in das weiter an der Küstenstraße gelegene Uig, so muß man einige steile Haarnadelkurven bewältigen. Von Uig verkehrt der kaledonische MacBrayne Fährendienst zu den Westlichen Inseln.

Die A856 Straße südlich von Uig trifft auf die A850 Dunvegan Straße, die sich zum Teil an der Küste entlangschlängelt. Die interessante, alte Burg Dunvegan is Familiensitz der MacLeods von MacLeod. Beliebt bei den grauen Seehunden, die sich manchmal über dem Wasser zurufen, ist der Meeresarm Loch Dunvegan. Die Straße südlich von Dunvegan mündet bei Sligachan Bridge in die Kyleakin Straße; an diesem Punkt kann man noch einmal einen Blick der geheimnisvollen Cuillinberge erhaschen.

Jenseits der Brücke bei Luib von der Straße versteckt befindet sich ein weiteres Bauernmuseum. Wenn man auf der Kyleakinstraße weiterfährt, gelangt man nach Broadford, wo es ein interessantes Zentrum für Geologen gibt. Von hier biegt man nach Elgol auf die A881 ab. Bei Armadale ist das Clan Donald Zentrum, eine zum Museum umgebaute Burg mit einer audio-visuellen Ausstellung und einem Kunsthandwerksladen. Im Frühling sind die bewaldeten, wilden Gärten voller Schlüsselblumen und blauer Glockenblumen.

Während der Sommermonate verkehrt die Armadalefähre von der Sleathalbinsel nach Mallaig, einem geschäftigen Fischerhafen und Touristenattraktion auf dem Festland. Passagiere der Fähre können einen Anschlußzug nach Fort William erreichen. Viele Leute unternehmen diese Reise wegen der herrlichen Landschaft und dem von einer Dampflokomotive betriebenen Zug. Mit dem Auto fährt man an Bergen und Seen vorbei, ehe man Glenfinnan erreicht.

Die Westlichen Inseln in den Äußeren Hebriden haben ihre eigene Schönheit. Nach den überall auf den Inseln vorhandenen vorgeschichtlichen Monumenten zu schließen, sind sie seit etwa 10 000 Jahren besiedelt.

Goldener Sand und tief türkisblaues Wasser zieren die Küsten. Die Natur- und Vogelschutzgebiete sind ein Mekka für Vogelkundige. Die vielen wilden Blumen sind herrlich anzusehen. Tierleben überall, Rehe auf langen Spaziergängen, Seehunde bei Strandwanderungen. Es gibt so viele schöne Inseln zu entdecken, alle verschieden und viele so abgeschieden, daß der Besucher immer wieder zurückkommen möchte.

Die Hauptinseln sind Barra und Vatersay, erst kürzlich durch einen Straßendamm miteinander verbunden; South Uist, Benbecula und Norduist sind durch zwei Hauptdämme verbunden; Harris und Lewis sind durch eine Hauptstraße verbunden, die von South Rodel im Süden von Harris nach Butt of Lewis geht. Lewis ist mit Abstand die größte Insel mit den berühmten, prähistorischen Callanish Steinen.

Hauptverbindung mit dem Festland ist die kaledonische MacBrayne Dampfbootfähre. Es gibt aber auch einen guten Flughafen in Benbecula. Während der Sommermonate verkauft die Gesellschaft "Hopscotch" Fahrkarten, die für eine Rundfahrt aller Inseln gültig sind. Die Rundfahrt kann an verschiedenen Orten beginnen und vielerlei Strecken wählen. Sie wird dem Besucher ein unvergeßliches Erlebnis bleiben.

Fischerei und Landwirtschaft auf kleiner Ebene sind für die Inselbewohner wichtig, die noch Gälisch sprechen. Das

Weben wird als Heimindustrie betrieben. Viele kleinere Auto- und Passagierfähren verbinden durch Liniendienst die Inseln miteinander und machen dem Besucher den Zugang zu ihnen möglich.

Das Wetter ist veränderlich. Manchmal ist die Sonne im Mai so stark, daß man nicht barfuß im Sand laufen kann. Oft liegen diese abgelegenen Inseln tagelang im Sonnenschein, während auf dem Festland schlechtes Wetter ist. Es gibt viele Unterkunftsmöglichkeiten, gute Hotels, Plätze für Wohnwagen.

Die einzige große Stadt auf den Westinseln ist Stornoway auf Lewis an der Broadbucht gelegen. Die Burg Stornoway beherrscht die Stadt. Von hier läßt sich ein schöner Flußspaziergang bis zum Galgenhügel machen, so genannt, weil hier Verbrecher gehängt wurden.

Die Dampffähre verkehrt von Stornoway nach Ullapool auf dem Festland. Ankunft und Abfahrt gehen nie ohne Aufregung ab.

Die Skyefähre in Kyleakin

Die dramatische Silhouette der Cuillins. Kl. Bild: *Das Skye Heritage Centre im herrlichen Portree Forest*

Burg Dunvegan, Sitz des MacLeod Stammes und Zentrum für Stammesmitgliedertreffen aus der ganzen Welt

Steile Haarnadelkurve bei Quiraing, im Steinadlerterrain

Unter den Ausstellungsstücken des Skye Museums für Inselleben in Kilmuir befinden sich frühe Haushalts- und Landwirtschaftsgeräte

Die Bucht von Uig – ein Fährenliniendienst verkehrt von hier zu den westlichen Inseln in den Äußeren Hebriden

Rosa Büschel der wilden Seenelke (Armeria maritima) blühen zwischen den Felsen der westlichen Inseln

Die weiße, sandige Bucht bei Seilebost, South Harris

Graues, atlantisches Seehundjunges auf den westlichen Inseln, einem Paradies für das Tierleben

Rotwildhirsche kämpfen während der Brunstzeit im Oktober um Vorrang in der Herde

Das Westhochland

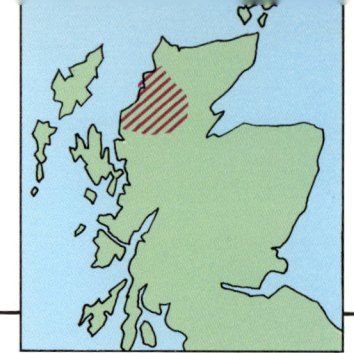

Die rauhe Küste, massive Gebirgsketten, tiefe Meeresarme und viele kleine Inseln des Westhochlandes zwischen den Landstrichen Wester Ross und Sutherland bieten atemberaubende Anblicke. Obwohl die Gegend mehr Regenfälle hat als die Ostküste, ist sie im Vergleich dazu wärmer.

Die Küstenroute von Gairloch nach Ullapool ist herrlich mit beeindruckenden Gebirgsketten und weiten, offenen Meeresarmen. Lange Strecken schöner Sandstrände und versteckte Buchten ziehen viele Besucher zum Zelten an.

Die Inverewe Gärten in der geschützten Bucht von Loch Ewe bei Poolewe sind subtropisch. Sie gehören dem National Trust von Schottland. 1862 bewies Osgood Mackenzie mit Weitblick und Planung, daß ein subtropisch Garten auf rotem Sandstein und saurem Torfboden gedeihen kann, wenn er mit blauem Lehm von der Küste und anderen Böden angereichert wird. Nach gründlicher Drainage des Torfes geschah das Wunder. Auf über 810ha gedeihen in Inverewe Bäume, Sträucher und Blumen aus der ganzen Welt in großer Üppigkeit. Osgood Mackenzie brauchte 60 Jahre für sein Werk, das der Trust jetzt hingebungsvoll pflegt.

Viele ausländische Besucher gehen von ihren Schiffen und Jachten, die in Ullapools Fischerei- und Fährhafen liegen, in das geschäftige Ullapool. Von hier geht der kaledonische MacBrayne Fährdienst nach Stornoway. Mit "Hopscotch" Karten kann man über die Westlichen Inseln bis nach Oban fahren.

Bei Ullapool windet sich eine kurvige Straße nach Inverkirkaig hoch. (Hier gibt es einen erstaunlichen Buchladen voller Überraschungen. Auf dieser engen, einspurigen Küstenstraße mit ihren gelegentlichen Ausweichstellen muß mit größter Vorsicht gefahren werden. Die Landschaft ist fantastisch. Bei Lochinver läuft die Hauptstraße, die A837, durch die Berge, während die Küstenstraße weiter nach Kylesku Bridge geht. Nahe der Brücke ist der höchste Wasserfall in Großbritannien, der Eas-Coul-Aulin Wasserfall mit einem Fall von 197m – dreimal höher als die Niagarafälle.

Eine entrückte Großartigkeit liegt auf diesem Land, das so ganze anders ist als das übrige schottische Hochland; das Gelände ist wilder, öder, doch liegt in dieser abgeschiedenen, rauhen und unberührten Schönheit seine ganze Größe.

Loch Broom von Ardcharnich gesehen

Die geschützte, sandige Bucht bei Gairloch

Azaleen gedeihen prächtig in dem warmen Golfstromklima in den Inverewe Gärten

Die einsame Sandwoodbucht nördlich von Kinlochbervie ist für ihre Unverdorbenheit berühmt

Ein Regenbogen über Fischerbooten im Hafen und Ferienort Ullapool

Der herrliche Eas-Coul-Aulin Wasserfall bei Kylesku

Inverness und die Gegend um die A9

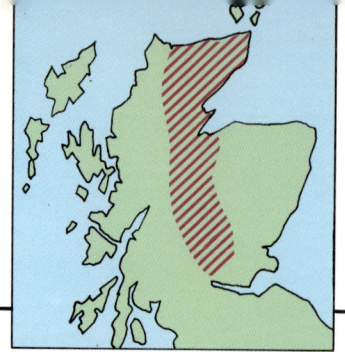

Inverness, die Hauptstadt des schottischen Hochlandes, liegt an der Nessmündung der Moray Firth Küste. Die Burg Inverness wurde um 1840 als Landgericht und Gefängnis gebaut. Ein kleiner Teil ist kürzlich der Öffentlichkeit zugänglich gemacht worden.

Inverness liegt zur Erforschung des Hochlandes sehr zentral; Ullapool an der Westküste z.B. liegt 88km von hier entfernt. In letzter Zeit ist viel für die Straßenverbesserung getan worden. Die Kessock Brücke wurde 1982 eröffnet, um den kleinen Fährliniendienst über die Beauly Förde zur Schwarzen Insel zu ersetzen. Die 1979 eröffnete Cromarty Brücke überspannt die Cromarty Förde von der Schwarzen Insel und die neue Brücke über die Dornoch Förde vervollständigt die Verbesserungen und gibt Inverness eine direkte Route nach Wick und Thurso. Der Inverness Flughafen fliegt Aberdeen, die Westlichen Inseln, Orkney und Shetland an und hat einen Pendelverkehr mit Edinburgh, Glasgow und London.

Zweifellos die größte Attraktion in der Nähe von Inverness ist Loch Ness. Eine Straße führt rund um den See. In Fort Augustus trifft die Straße auf die A82, die Invernesshauptstraße nach Fort William. Die Benediktinerabtei in Fort Augustus wurde 1876 auf dem Gelände erbaut, auf dem General Wade im 18 Jh. eine Festung, die als Armeeverbindungspunkt für Fort William und Fort George gedacht war, errichtet hatte. Die Feste wich der Abtei. Besucher sind in dem großen Gelände willkommen. Auf dem Rückweg von Fort Augustus nach Inverness führt die Straße an Burg Urquhart und Drumnadrochit vorbei. Hier ist die "offizielle" Loch Ness Ungeheuerausstellung. Bei Burg Urquhart ist das Ungeheuer häufig gesehen worden.

Einige Kilometer südöstlich von Inverness liegt das vom National Trust von Schottland gepflegte Culloden Schlachtfeld. Hier gibt es ein audio-visuelles Zentrum. Nahebei liegt Burg Cawdor, Sitz der Campbells von Cawdor. Die Burg ist der Öffentlichkeit zugänglich. An der Moray Küste liegt die eindrucksvolle Festung Fort George. Es gibt viele, gute Golfplätze und Sandstrände bei Nairn.

Sie sollten unbedingt das Besucherzentrum des Cromarty Court Hauses nördlich von Inverness auf der Schwarzen Insel besuchen. Das Gebäude datiert von 1773 und hier können Sie belebte Figurem – die ersten ihrer Art in Schottland – ansehen. Wollen Sie sich noch weiter nördlich wagen, so folgen Sie der Küstenstraße nach Golspie mit der Burg Dunrobin. Sie ist der Sitz der Grafen und Herzöge von Sutherland. Der massige, innere Festungsturm wurde 1275 errichtet und die Hauptgebäude ein Jh. später. Über die Jahre hat man viele bauliche Änderungen vorgenommen. In Helmsdale befindet sich ein interessantes Museum namens "Zeitspanne", das die Vertreibung der Pachtbauern ("clearances") und das Hochlandleben früherer Tag zeigt. Die A9 führt an der felsigen Küste entlang nach Dunbeath, das ein interessantes, sich lohnendes Überlieferungszentrum hat. Etwas weiter von hier liegt die lebhafte Stadt Wick. Danach folgt John O'Groats, berühmt für seine Partnerschaft mit Land's End in England. Hier befindet sich im "letzten Haus in Schottland" ein gutes Museum. Nicht weit von hier liegt Gills mit einer neuen Fährstation für Orkney. Burg Mey, die der Queen Mother gehört, liegt zwischen John O'Groats und Thurso, in der Nähe von Dunnet Head, dem nördlichsten Punkt der Britischen Inseln.

Die ausgedente Küste läuft über das nördliche Hochland von John O'Groats nach Durness. Obwohl die Sutherlandküste eine abgelegene Gegend ist, gibt es drei gute, weiter ins Inland führende Straßen: eine von Bettyhill oberhalb einer weiten Sandbucht; die andere von Tongue über die Dammstraße, die den Kyles of Tongue überquert und die dritte von Durness an den Smoo Höhlen und einigen goldenen Buchten vorbeiführend. Alle drei laufen in Lairg bei Loch Shin, nahe den eindrucksvollen Shinfällen, zusammen. Von Lairg führt die Straße über Bonar Bridge nach Alness nicht weit von Inverness.

Südlich von Inverness gibt es viele Orte zu besichtigen, die alle gut markiert von der A9 abgehen; so z. B. das Landmark Zentrum in Carrbridge mit seinen interessanten Naturpfaden; Kincraig Tierpark, der dem Edinburgh Zoo angeschlossen ist; das Aviemore Zentrum, ein riesiger Vergnügungs- und Sportkomplex und die Strathspeybahn, die eine aufregende Dampflokomotivenfahrt zwischen Boat of Garten und Aviemore betreibt. Weiter südlich liegt Burg Blair, Sitz des Herzogs von Atholl inmitten herrlicher Parks, wo es auch einen Zeltplatz gibt. In Killiecrankie fochten und gewannen die Jakobiter 1689 eine Schlacht. Ein Soldat entkam, indem er die Schlucht übersprang.

Nicht weit von hier liegt das entzückende Pitlochry, ein ideales Städtchen zum Verweilen, weil es zentral für die vielen, interessanten Plätze liegt, die es in der Gegend zu besichtigen gibt, wie das Pitlochry Staudammbesuchszentrum. Hier errichtete man eine Fischleiter, als der Tummelfluß in den 50er Jahren durch ein hydroelektrisches Projekt eingedämmt wurde. Durch eine Glasscheibe kann der Besucher in eine Unterwasserkammer schauen und die Lachse beobachten, wie sie eine eigens dafür konstruierte Leiter, die unterhalb des Dammes angebracht ist, erklettern. Von hier gelangen sie in den künstlich geschaffenen See, Loch Faskally, und von dort weiter in ihre Laichgründe. Ein audio-visuelles Programm erklärt diesen interessanten Komplex im

Einzelnen. Außerhalb von Pitlochry bietet das Pitlochry Festivaltheater ein volles Programm an: u.a. findet hier jeden Montag eine Hochlandnacht statt. Hier sind auch zwei schottische Whiskybrennereien. Die Edradourdistillerie wurde 1825 gegründet und liegt in einer attraktiven Gegend im Osten der Stadt. Die Blair-Athol-Distillerie gehört zu United Distillers, einer Gruppe, die viele Brennereien im Hochland betreibt und viele Besucherzentren hat.

Von Pitlochry zum nahen Forstkommissionszentrum ist es nur ein Sprung, um den Königinausblick (Queen's View) zu genießen, so genannt, weil Königin Viktoria von dem Panoramablick über Loch Tummel nach Schiehallion und weiter zum fernen Glen Coe rein gebannt war. Die Einsiedelei von Dunkeld ist südlich von Pitlochry gelegen, von der A9, zwischen Wasserfällen und Stromschnellen des Braanflusses.

Viele ländliche Städtchen liegen um Pitlochry herum, z.B. Blairgowrie, Aberfeldy, Kirkmichael, Dunkeld und das unter Denkmalschutz stehende Dorf Moulin, das eine über 1400 Jahre alte Kirche hat. Die historische Stadt Perth mit ihren vielen Attraktionen ist weniger als 50km entfernt. Die Route zweigt von der A9 in Richtung Süden ab.

Burg Inverness beherrscht die Mündung des Nessflusses

Fort Augustus, ein früherer, hannoveranischer Vorposten gegen rebellische Jakobiter Hochländer

Das Loch Ness Ungeheuerausstellungszentrum bei Drumnadrochit

Culloden Moor, wo die jako-
bitische Armee des Bonnie
Prinz Charlie 1746 vom Herzog
von Cumberland geschlagen
wurde

Wick war früher bedeutendes
Herings- und Konser-
vierungszentrum. Der Name
kommt von dem norwegischen
wort "vik" und bedeutet
"Bucht"

Üppiges Weideland erstreckt sich bei Durness hinter den sandigen Buchten an der nördlichen Hochlandküste

Die schönen Shinfälle bei Lairg, einem hübschen Ort an Loch Shin gelegen

Die Eleganz des schottischen Baronssitzes Burg Blair, Blair Atholl

Der historische Killiecrankiepaß, wo der erstaunliche Soldatensprung vollführt wurde

Beobachtungskammern im Pitlochry Damm lassen Besucher die Lachse auf ihrem Weg flußauf zu ihren Laichgründen beobachten

Nach Königin Viktoria benannt ist der Königinausblick über Loch Tummel, der einer der schönsten Talansichten Schottlands ist

Weitere Information

Viele Schutzgesellschaften sind gegründet worden, um Schottlands Erbe zu bewahren und zu erhalten. Die größte von ihnen ist der National Trust für Schottland. Der Trust, eine unabhängige Wohltätigkeitseinrichtung, hängt für seine Arbeit von Schenkungen und Beiträgen seiner Mitglieder ab. Er hat bis jetzt über 100 Besitztümer und 40.485ha Land in seiner Pflege. Er ist auch an Schottlands Gartenplan und dem Ranger/Naturalistendienst angeschlossen.

Die Forstkommission ist ein Regierungszweig, dessen Verantwortung es ist, daß große Landstriche Schottlands, besonders im Hochland, für die gegenwärtige und zukünftige Generation aufgeforstet werden. Die Kommission stellt viele Erholungseinrichtungen zur Verfügung, u.a markierte Waldspaziergänge, Naturpfade, Picknickplätze, Zeltplätze und Besucherzentren. Der Queen Elizabeth Forest Park und ein audio-visuelles Zentrum beim Königinausblick nahe Pitlochry sind mit einbegriffen.

Die eindrucksvollen Ruinen von Burg Urquhart, Loch Ness überschauend

Historisches Schottland betreut 330 Gelände, auf denen alte Denkmäler und Gebäude stehen. Im schottischen Hochland liegt südlich von Forres die Dallas-Dhu-Brennerei, in der die alte Kunst der Brennerei in Zeitdokumentation völlig erhalten ist. Nicht weit von hier liegt Fort George, eine Festung, die nach der Schlacht von Culloden erbaut wurde. Sie ist eine der bemerkenswertesten Befestigungen in Europa und ist noch heute Kaserne. Burg Kildrummy bei Alford auf der Burgenspur liegend, wird "Königin der Hochlandburgen" genannt.

Im Namen der schottischen Bevölkerung hat das Parlament die Landschaftskommission zu Schutz und Erhaltung des schottischen Naturguts aufgerufen, zu dem die Tiere und deren Lebensraum sowie die Landschaft, in der Mensch und Natur in langer Gemeinschaft zusammenleben, gehören. Ziel der Landschaftskommission ist es dabei, daß die Menschen dieses Naturgut in verständnisvoller und erhaltender Weise genießen.

Sonnenuntergang von Fort George gesehen